BOEKANALYSE

AF125919

Balzac en de kleine Chinese naaister

· · · · · · · · · · · · · ·

Dai Sijie

BOEKANALYSE

Geschreven door Lauriane Sable
Vertaald door Nikki Claes

Balzac en de kleine Chinese naaister

● ●

Dai Sijie

DAI SIJIE

CHINESE ROMANSCHRIJVER EN FILMMAKER

- **Geboren in de provincie Fujian (China) in 1954.**

- **Opmerkelijke werken:**

  - *Balzac en de kleine Chinese naaister* (2000), roman

  - *Mr. Muo's Reizende Bank* (2003), roman

  - *The Chinese Botanist's Daughters* (2006), film

Dai Sijie is een Chinese schrijver en filmmaker die sinds 1984 in Frankrijk woont. Hij schreef zich op 22-jarige leeftijd in aan de Universiteit van Peking om kunstgeschiedenis te studeren, net toen de Culturele Revolutie (Chinese politieke beweging, 1966-1976) ten einde liep. Hij kreeg een beurs waardoor hij zijn studie in Frankrijk kon voortzetten aan het IDHEC (*Institut des hautes études cinématographiques*, "Instituut voor geavanceerde cinematografische studies") in Parijs. Zijn eerste speelfilm, *China, My Sorrow* (1989), won de Jean Vigoprijs en ook zijn latere film *The Chinese Botanist's Daughters* (2006) kreeg lovende kritieken.

Zijn debuutroman, *Balzac en de kleine Chinese naaister*, verscheen in 2000. In 2003 ontving hij de Prix Femina voor *Mr. Muo's Travelling Couch*. Zijn meest recente publicaties zijn *Once on a Moonless Night* (2007) en *L'acrobatie aérienne de Confucius* ("De luchtacrobatiek van Confucius", 2009).

BALZAC EN DE KLEINE CHINESE NAAISTER

SNIJDEN NAAR HET HART VAN DE CHINESE CULTURELE REVOLUTIE

- **Genre:** roman

- **Referentie-uitgave:** Sijie, D. (2002) *Balzac en de kleine Chinese naaister*. Trans. Rilke, I. Londen: Vintage Books.

- **1e druk:** 2000

- **Thema's:** Chinese Culturele Revolutie, lezen, liefde, vriendschap

Balzac en de kleine Chinese naaister wordt beschouwd als Dai Sijie's meesterwerk. Het boek heeft drie prestigieuze Franse literaire prijzen gewonnen: de Prix Edmée de La Rochefoucauld, de Prix Relay du roman d'évasion en de Prix Roland de Jouvenel van de Academie française.

Tijdens de Culturele Revolutie, die plaatsvond toen Sijie een tiener was, werden zijn ouders gevangen genomen en werd hij naar een heropvoedingskamp in de bergen gestuurd. Deze ervaring inspireerde hem tot het schrijven van *Balzac en de kleine Chinese naaister*, dat het verhaal vertelt van twee jonge intellectuelen die ook naar een klein bergdorpje worden gestuurd om door de dorpelingen te worden heropgevoed. Tijdens hun verblijf daar ontdekken de jongemannen de westerse literatuur en ontmoeten ze de Kleine Naaister.

In deze soms vijandige omgeving worden de drie tieners volwassen, terwijl ook de kleine naaister geleidelijk tot het besef komt dat er meer wegen voor haar openstaan dan de weg die altijd voor haar leek te zijn uitgestippeld.

Sijie's eerdere ervaring als filmmaker stelde hem in staat de roman zelf voor het scherm te bewerken, en de film ging in 2002 in première op het filmfestival van Cannes.

SAMENVATTING

Het verhaal begint op een avond in 1971 in een klein bergdorpje dat Phoenix of the Sky heet. Net als veel andere jonge intellectuelen zijn de verteller en zijn vriend Luo door het communistische regime daarheen gestuurd om door de arme dorpelingen te worden heropgevoed.

In feite gebruiken de autoriteiten het heropvoedingsproces om jongeren van de intelligentsia of de bourgeoisie te "zuiveren" door een nederig leven van zware arbeid. Deze upperclass tieners worden naar extreem arme bergdorpen gestuurd, die voor hun overleven bijna volledig afhankelijk zijn van hun eigen landbouwproducten.

Dit is het lot dat de twee hoofdpersonen van de roman is beschoren, die onder meer moeten werken op de velden, in de kolenmijnen en als dragers. Omdat hun ouders "stinkende wetenschappelijke autoriteiten" (p. 8) zijn, zal hun heropvoeding, die voor de meeste mensen maximaal twee jaar duurt, waarschijnlijk voor onbepaalde tijd duren. Veel van de mensen die worden heropgevoed hopen ooit te kunnen vertrekken, zoals Four-Eyes, die in een ander dorp woont waar hij het lot van Luo en de verteller deelt.

Hoewel Luo en de verteller niet goed kunnen opschieten met Vieroog, speelt hij een sleutelrol in hun heropvoeding: op een dag ontdekken de twee hoofdpersonen een afgesloten koffer onder zijn bed. Ze ondervragen hem over de inhoud, omdat ze ervan overtuigd zijn dat er boeken in zitten die verboden zijn door het regime (dat alle westerse boeken en een aantal Chinese boeken heeft verboden omdat ze gevaarlijk worden geacht), maar Vieroog ontkent deze beschuldigingen met klem. Luo en de verteller nemen echter terecht aan dat hij liegt, en vanaf dat moment beginnen ze te onderhandelen met Vieroog door één van zijn boeken te eisen in ruil voor hun hulp.

Enkele maanden na hun aankomst ontmoeten ze de dochter van de plaatselijke kleermaker en geven haar de bijnaam "de kleine naaister". De verteller vermoedt zelfs dat zijn vriend verliefd op haar is geworden, maar Luo beweert dat ze niet beschaafd genoeg voor hem is. Toch brengen Luo en de kleine naaister steeds meer tijd met elkaar door en groeien uiteindelijk naar elkaar toe. Luo heeft het gevoel dat hij zijn roeping heeft gevonden: de Kleine Naaister zelf opvoeden.

Kort na hun eerste ontmoeting schrijft de jonge vrouw naar Luo om de twee jongemannen uit te nodigen voor een "orale filmvoorstelling" in haar dorp, omdat dit hun specialiteit is. Ze hebben elk hun eigen rol tijdens elke show: Luo is een uitstekend acteur en verteller, terwijl de verteller het verhaal op muziek zet door op zijn viool te spelen. Voor hem vertegenwoordigt dit instrument een verbinding met zijn vorig leven.

Sinds de twee jongemannen in het dorp zijn aangekomen, is de viool het voorwerp van grote nieuwsgierigheid en nog meer wantrouwen van de dorpelingen. Het dorpshoofd, die een overtuigd communist is, was meteen wantrouwig tegenover het instrument, maar Luo wist hem ervan te overtuigen dat de verteller het mocht houden door de verteller een sonate te laten improviseren en te beweren dat het *Mozart* heet, *denkend aan voorzitter Mao*, en zo het nut van het instrument als propagandamiddel aan te tonen.

Als ze echter in het dorp van de kleine naaister aankomen, lijdt Luo aan ernstige malaria en blijft de jonge vrouw de hele nacht op om hem te verzorgen. De verteller denkt dat hij haar Luo heeft zien kussen, maar door de duisternis weet hij dat niet zeker.

Op een dag wordt Vieroog gedwongen de twee vrienden om hulp te vragen, omdat hij door zijn bijziendheid een bepaalde taak niet kan uitvoeren. In ruil daarvoor geeft hij hen een van de boeken die in zijn koffer zijn verstopt: *Ursule Mirouët* (1841) van Balzac (Franse schrijver, 1799-1850).

De verteller en Luo, die nooit de kans hebben gehad westerse boeken te lezen, zijn gefascineerd door de roman en verslinden hem gretig. Zodra hij het boek uit heeft, gaat Luo naar de kleine naaister. Ze bedrijven voor het eerst de liefde, en hij vertelt de verteller over deze ervaring bij zijn terugkeer. De twee vrienden proberen meer boeken van Vieroog te krijgen, maar tevergeefs.

In de zomer doet zich een nieuwe kans voor: De moeder van Vieroog bezorgt hem een baan bij een krant om hem te redden van het heropvoedingsproces, en hij krijgt de taak om authentieke bergliederen te verzamelen die daarin zullen worden gepubliceerd. De verteller en Luo bieden aan deze taak voor hem uit te voeren, omdat hij het zelf niet kan, in ruil voor nieuwe boeken, en gaan op zoek naar een teruggetrokken molenaar die de reputatie heeft "alle liedjes van de streek te kennen, en [...] een kampioenszanger te zijn" (p. 60).

De twee vrienden weten de oude man over te halen om voor hen te zingen, maar de liedjes die ze terugbrengen zijn vunzig en hoewel Vieroog besluit ze toch te publiceren nadat hij ze heeft bewerkt, weigert hij hen de boeken te geven die hij hun in ruil daarvoor had beloofd. Ze gaan op slechte voet uit elkaar nadat de verteller zijn geduld verliest en hem de huid vol scheldt. Luo's teleurstelling over deze mislukking wordt nog versterkt door het feit dat hij had gemerkt dat de Kleine Naaister bijzonder gesteld was op bepaalde fragmenten uit het werk van Balzac.

Ze krijgen geen kans meer om de boeken in handen te krijgen totdat de moeder van Vieroog hem persoonlijk komt opzoeken. Er wordt een groots feest georganiseerd om haar komst te vieren en, aangemoedigd door de Kleine Naaister, stelen Luo en de verteller zijn koffer vol boeken.

Gedurende ongeveer een maand profiteren de twee vrienden van de afwezigheid van de hoofdman om de inhoud van de koffer te verslinden: deze bevat boeken van onder andere de Franse schrijvers Victor Hugo (1802-1885), Stendhal (1783-1842), Alexandre Dumas, *père* (1802-1870) en Gustave Flaubert (1821-1880). De verteller is bijzonder geboeid door *Jean-Christophe* (1904-1912) van Romain Rolland (Franse schrijver, 1866-1944), terwijl Luo zijn voorliefde voor de werken van Balzac behoudt, en elke dag passages aan de kleine naaister gaat voorlezen.

Enige tijd later komt de vader van de jonge vrouw, een reizende kleermaker, enige tijd in het dorp doorbrengen. Op zijn verzoek begint de verteller hem gedurende negen nachten het verhaal van *De graaf van Monte-Cristo* (1845) van Alexandre Dumas te vertellen, dat hij onlangs heeft gelezen.

Op de derde avond stoort de hoofdman hen echter en dreigt aan te geven dat ze reactionaire verhalen vertellen, tenzij Luo, de zoon van een beroemde tandarts, erin slaagt zijn kiespijn te behandelen. Luo slaagt daarin, geholpen door de verteller en de kleermaker, wiens naaimachine wordt gebruikt als geïmproviseerde medische apparatuur. De verteller bedient het pedaal van de machine, dat de snelheid van de naald regelt, en dit geeft hem de kans om al zijn haat tegen de hoofdman op een enigszins sadistische manier te uiten, aangezien hij de naald zo langzaam mogelijk kan laten bewegen om zijn pijn te maximaliseren.

Kort daarna wordt Luo weggeroepen naar het bed van zijn zieke moeder. Hij vraagt de verteller voor de kleine naaister te zorgen, maar dit wekt jaloezie op bij Luo's rivalen, die hem slecht behandelen. De verteller wordt ook gedwongen zijn eigen gevoelens voor de kleine naaister te erkennen, waardoor het hypocriet van hem wordt om als haar beschermer op te treden.

Net als hij haar wil vertellen dat hij vindt dat hij haar niet meer moet bezoeken, bekent ze dat ze zwanger is van Luo's kind. Dit is een ernstig probleem, want onder het Chinese regime mogen vrouwen geen buitenechtelijke kinderen krijgen, maar abortus is ook illegaal. De verteller gaat daarom naar het Yong Jing ziekenhuis om te onderzoeken of ze een illegale abortus kan krijgen. Uiteindelijk vindt hij een gynaecoloog die bereid is de ingreep uit te voeren in ruil voor een roman van Balzac.

De operatie verloopt vlekkeloos en Luo keert terug naar de bergen. De vriendschap tussen de drie jonge mensen lijkt onwrikbaar, maar op een dag verlaat de Kleine Naaister het bergdorp zonder het aan haar twee vrienden te vertellen, die pas beseffen dat ze weg is als haar radeloze vader hen het nieuws komt vertellen. Ze achtervolgen haar en slagen erin haar in te halen.

Alle smeekbeden van Luo om haar terug te laten komen zijn echter aan dovemansoren gericht. Het lezen van de romans van Balzac heeft haar geleidelijk en ongemerkt veranderd van een bergmeisje dat Luo alleen maar wilde behagen in een vrouw die in een stad wil wonen waar ze begeerd wordt. Ze verklaart dat ze "één ding van Balzac heeft geleerd, namelijk dat de schoonheid van een vrouw een onbetaalbare schat is" (p. 172) en vervolgt haar weg.

Hoewel de roman eindigt met deze woorden, is het niet de laatste scène in het verhaal. Chronologisch gezien bevindt de laatste scène van de roman zich aan het begin van het laatste deel en toont Luo die alle boeken in de koffer verbrandt terwijl de verteller toekijkt en een deuntje speelt op zijn viool.

KARAKTERSTUDIE

DE VERTELLER

Hoewel de verteller een van de hoofdpersonen van de roman is, wordt hij nooit bij naam genoemd en speelt hij een veel kleinere rol dan zijn vriend Luo, wiens romance met de kleine naaister het echte middelpunt van het verhaal is. In feite omschrijft de verteller zichzelf aan het eind van de roman als een "toeschouwer" (p. 171).

Net als Luo is hij de zoon van een dokter. Hij is 17 bij het begin van zijn heropvoeding en is groter en sterker dan zijn vriend. Hij is ook verlegener en redelijker, hoewel hij van tijd tot tijd toegeeft aan gewelddadige neigingen (hij slaat bijvoorbeeld Vieroog en gedraagt zich sadistisch tegenover het dorpshoofd wanneer diens tand wordt behandeld).

Hij is uiterst loyaal aan zijn vrienden en waakt ervoor zijn gevoelens voor de kleine naaister te verraden. Hij beschouwt haar als een vriendin, en hij is diep gestoken wanneer zij zonder waarschuwing verdwijnt, ook al heeft hij haar trouw geholpen en gesteund tijdens haar ongewenste zwangerschap.

Hij is muzikant, waardoor hij erg gesteld is op de serie *Jean-Christophe* van Romain Rolland (waarvan de hoofdpersoon ook muzikant is), en hij hoopt dat zijn talent als violist ooit zijn ticket uit de heropvoeding zal zijn.

LUO

Luo is de beste vriend van de verteller. Hij is van nature nieuwsgierig en onbevangen, en hij heeft een groot talent voor inventiviteit en improvisatie, zoals blijkt wanneer hij de argwaan van de dorpelingen over de viool wegneemt en tijdens hun bezoek aan de molenaar. De verteller beschrijft hem als enigszins sluw, en niet anders dan de "tomeloze, uitbundige, pittige" (p. 103) penseelstreek waarmee hij zijn handtekening schrijft.

Hoewel Luo aan vreselijke hoogtevrees lijdt, trotseert hij elke dag de gevaarlijke binnenweg naar het huis van de kleine naaister om haar passages uit het werk van Balzac voor te lezen. Hij lijkt daartoe gedreven door trots ("Ze is niet beschaafd, althans niet genoeg voor mij!" p. 25), maar achteraf blijkt dat hij eigenlijk gemotiveerd werd door zijn liefde voor haar. Bovendien besluit hij aan het eind van de roman alle boeken in de koffer te verbranden, ook al zijn ze onbetaalbaar en betekenen ze veel voor hem, omdat hij ze ziet als de reden waarom hij de vrouw van wie hij houdt heeft verloren.

Hieruit blijkt dat "de bewonderaar van Balzac" (p. 165) ook een "romantische minnaar is die op handen en voeten naar zijn geliefde is gekropen" (*ibid*.).

Net als de verteller vertegenwoordigt Luo alle jongeren die ten onrechte het slachtoffer werden van de maatregelen van het maoïstische regime tijdens de Culturele Revolutie. Zij symboliseren echter ook het vreedzame verzet tegen deze poging om het intellectualisme te onderdrukken, omdat zij zich niet openlijk tegen het regime verzetten, maar een indirecte, defensieve houding aannemen door alles in het werk te stellen om westerse literatuur in handen te krijgen, ondanks de risico's die dit met zich meebrengt, en door deze boeken te delen met anderen die erin geïnteresseerd zijn, zoals de kleine naaister en haar vader.

DE KLEINE NAAISTER

De kleine naaister, wiens naam nooit door de verteller wordt genoemd, is het enige personage dat lichamelijk gedetailleerd wordt beschreven: naast haar kleding, die haar onderscheidt van de andere dorpelingen (een gloednieuw lint, schoenen, enz.), valt ze vooral op door haar schoonheid: ze heeft een lange vlecht, "het mooiste paar ogen van het district Yong Jing" (p. 20) en gelaatstrekken die "fijn, bijna edel" zijn (p. 23).

Toch is haar opmerkelijke schoonheid die van een boerenmeisje: "Als ze lachte zag ik een ongetemde kwaliteit in haar ogen, die me deed denken aan de wilde meisjes aan onze kant van de berg. Haar ogen hadden de glans van ongeslepen edelstenen, van ongepolijst metaal" (*ibid.*). Deze beschrijving staat in schril contrast met de drastische veranderingen in het uiterlijk en de kleding van de jonge vrouw aan het eind van de roman, die de onverwachte innerlijke transformatie weerspiegelen die zij heeft ondergaan.

Ze is ondeugend en lacht graag, en lijkt echt van Luo te houden: "Ik ben een bergmeisje. Ik hou ervan Luo te plezieren" (p. 134). Maar het lezen van de romans van Balzac geeft haar het verlangen om "haar leven te veranderen en haar kansen in de stad te wagen" (p. 168), iets wat Luo nooit heeft zien aankomen. Zo ontdekt ze dat haar leven niet beperkt is tot de weg die voor haar leek te zijn gekozen (kleermaker worden zoals haar vader en voor altijd in de bergen wonen), maar juist barst van de mogelijkheden.

VIEROOG

Vieroog fungeert als tegenpool voor de twee vrienden, ook al komen ze allemaal uit dezelfde stad. Hij is naar een ander dorp gebracht dan dat van de twee helden, en is bereid alles te doen om te ontsnappen aan de berg van de Feniks van de Hemel, inclusief het breken van zijn woord en het gebruiken van zijn mede-ongelukkigen om zijn eigen doelen te bereiken.

Hij is de zoon van een schrijver en een dichter, en "leeft [in] bijna eeuwige angst" (p. 41). Hij is ook egoïstisch: hoewel hij een koffer vol waardevolle westerse boeken bezit, weigert hij zijn vrienden er absoluut van te laten profiteren, en die stelen ze uiteindelijk.

Hij is hebzuchtig van aard, en ziet vriendschap als niets meer dan een manier om meer te krijgen. Hij geeft toe aan zijn moeder: "Ik bleef vrienden met hen omdat ik dacht dat jij en Pa problemen hadden met jullie tanden, en dat Luo's vader op een dag misschien van dienst zou kunnen zijn" (p. 97).

HET DORPSHOOFD

Hij is de enige dorpeling die zich onderscheidt van de uniforme massa boeren. Zijn personage is een soort symbolische figuur die de communistische boeren vertegenwoordigt, en zowel zijn handelingen als zijn uiterlijk weerspiegelen de intellectuele en fysieke ontbering van de Chinese boerenstand.

Hij is een autoritaire man die bang is zijn gezicht te verliezen of zijn eigen onwetendheid te verraden (hij beweert dat de viool speelgoed is), maar hij is niettemin zeer naïef en gemakkelijk te duperen, zoals blijkt uit de truc met de sonate van Mozart (Duitse componist, 1756-1791). Hij is goedgelovig door zijn domheid en gebrek aan opleiding, maar ook door zijn ideologische overtuigingen, die hem gehersenspoeld hebben: wanneer hij de naam van Mao (Chinees politicus en generaal, 1893-1976) hoort, "alsof hij iets wonderbaarlijks gehoord had, [verzachtte] zijn dreigende blik" (p. 5).

Hij is vies (hij heeft bijvoorbeeld "meerdere lange, borstelige haren die uit zijn linkerneusgat steken", blz. 4) en fysiek afstotelijk (zijn linkeroog is bevlekt met bloed), en hij leed aan syfilis (met alle gevolgen van dien).

Dit personage dient om een weinig vleiend portret te schetsen van de communistische Chinese boeren, die overeenkomstig de idealen van de Chinese communistische partij volledig verstoken zijn gebleven van burgerlijke cultuur en beschaving, waardoor domheid en onwetendheid kunnen voortwoekeren en de bevolking naïef en gemakkelijk te manipuleren is.

ANALYSE

HISTORISCHE CONTEXT: DE CULTURELE REVOLUTIE

Deze roman is sterk beïnvloed door de politieke en historische context waarin hij zich afspeelt, aangezien hij zich richt op de behandeling van de intelligentsia in Maoïstisch China in de jaren zeventig na de Culturele Revolutie. Deze beweging kwam voort uit de communistische ideologie en, meer precies, uit de manier waarop deze in China ten tijde van Mao's bewind werd toegepast.

 ## COMMUNISME EN MAOÏSME

Communisme is een politieke, economische en sociale ideologie gebaseerd op de volgende principes:

- om het proletariaat als politieke klasse op te richten;
- het omverwerpen van de burgerlijke suprematie;
- die de politieke macht in handen van het proletariaat legt;
- het delen van de productie- en ruilmiddelen;
- het verdelen van goederen volgens individuele behoeften;
- het onderdrukken van sociale klassen en de staat.

De communistische theorie is voornamelijk gebaseerd op de geschriften van Karl Marx (Duits socialistisch theoreticus en revolutionair, 1818-1883) en Friedrich Engels (Duits theo-reticus en militant socialist, 1820-1895).

In China kwam in 1949 een communistische factie aan de macht. Het regeringssysteem dat zij toepaste, werd bekend als "maoïsme" (zo genoemd naar de leider van de factie, Mao Zedong). Het maoïsme werd gepresenteerd als "prak-tisch marxisme", d.w.z. een op nationaal niveau toegepast marxisme dat actief werd toegepast op de specifieke strijd en omstandigheden in China, in tegenstelling tot andere takken van het marxisme die vooral theoretisch van aard zijn. De twee belangrijkste ideologische grondslagen van het maoïsme zijn:

- praktische toepassing als het enige geldige criterium om de waarheid vast te stellen;

- tegenstelling (tussen het volk en zijn vijanden, en tussen het volk onderling) als de drijvende kracht achter de geschiedenis en de ontwikkeling van de samenleving.

In januari 1958 lanceerde Mao een ambitieus industrieel en agrarisch ontwikkelingsbeleid, de Grote Sprong Voorwaarts. Zijn doel was het land te industrialiseren door land te herver-delen en te collectiviseren en het grootste deel van de oogst in beslag te nemen, zodat het volk zelf bijna niets overhield. Dit beleid werd afgedwongen met een ideologisch absolu-tisme dat totaal los stond van de realiteit en was een catas-trofale mislukking, die een hongersnood veroorzaakte die miljoenen levens eiste.

Mao werd toen op een zijspoor gezet en vervangen door de Communistische Partij. Hij besloot de macht te heroveren door een culturele hervorming in gang te zetten: "Mao Zedong, die meende dat het regime naar revisionisme neigde, aarzelde niet om een ware jeugdopstand te ontketenen in de vorm van de bewegingen van de Rode Garde, die officieel van start ging op 18 augustus 1966" (Mourre, 2001: 208).

Dit was het begin van de Culturele Revolutie, die zou duren tot Mao's dood in 1976. De Rode Gardes trokken door het platteland, waarbij ze hele treinen voor zichzelf huurden, om de persoonlijkheidscultus gewijd aan Mao en zijn *Kleine Rode Boekje* (een boek met citaten van Mao zelf) te verspreiden. De partij werd gezuiverd van iedereen die tot een revisionistische factie behoorde, en de beweging richtte zich ook op zowel de leden als de cultuur van de intelligentsia, die werd gezien als een uitbuitende sociale klasse die was gecorrumpeerd door de kapitalistische burgerlijke ideologie. Dit ideologische conflict was echter eigenlijk een dekmantel voor een politieke machtsstrijd die Mao in staat stelde de leden van de Communistische Partij die hem niet steunden uit te schakelen en zijn positie als president van de Volksrepubliek China te heroveren.

Hoewel westerlingen zich vooral het verbod op veel westerse waarden en elementen van de westerse cultuur herinneren, waren ook traditionele Chinese waarden het doelwit, omdat zij werden beschouwd als behorend tot de onderdrukkende klassen. Zo werden veel boeddhistische tempels en beelden vernietigd door de Rode Garde.

In de roman wordt dit algemene verbod weergegeven door de verwijzingen naar zowel westerse als Chinese boeken die verboden zijn: de vader en moeder van Vieroog zijn bijvoorbeeld respectievelijk een Chinese schrijver en een Chinese dichter, maar zijn "te schande gemaakt door de autoriteiten" (p. 41). Het boek geeft ook een beeld van de manier waarop religies door het regime werden aangepakt door het personage van de prediker die gedwongen wordt te bedelen in de straten van Yong Jing (provincie Gansu, China) en een verwijzing naar een boeddhistische tempel die "dichtgetimmerd en op slot" is (p. 163).

TUSSEN AUTOBIOGRAFIE EN FICTIE

Op het eerste gezicht kan het moeilijk zijn te bepalen tot welk literair genre deze roman behoort. Sommige van de belangrijkste kenmerken doen het lijken op een autobiografie:

- Dai Sijie's ouders waren artsen, net als die van de verteller;

- van 1971 tot 1974 werd de auteur ook naar een klein bergdorp in Sichuan, de provincie waarin het verhaal zich afspeelt, gestuurd om te worden heropgevoed;

- de roman is geschreven in eerste persoon;

- er wordt niet expliciet vermeld dat de tekst een roman is.

De auteur, verteller en hoofdpersoon van een autobiografie zijn echter altijd dezelfde persoon. In deze roman:

- Is de hoofdpersoon Luo.

- Hebben de verteller en de auteur niet dezelfde naam. Hoewel de verteller nooit bij naam wordt genoemd, wordt de betekenis van de drie Chinese karakters van zijn naam vermeld: een paard, een zwaard en een belletje. Zijn naam kan dus worden afgeleid als Ma Jian Ling en niet als Dai Sijie. Sijie heeft ook verklaard dat de verteller een hybride personage is dat is geïnspireerd door een aantal mensen, namelijk andere vrienden die naast hem werden heropgevoed.

De roman kan daarom niet worden beschouwd als een autobiografie in de strikte zin van het woord, aangezien de auteur en de verteller niet dezelfde persoon zijn. Het is echter duidelijk dat de auteur zich bij het schrijven van deze roman heeft laten inspireren door zijn persoonlijke ervaring met heropvoeding, waardoor de roman een autobiografische dimensie krijgt. Dankzij deze aanpak kan de auteur zijn eigen ervaringen met de heropvoeding als tiener delen, terwijl het verhaal tegelijkertijd afstand neemt van zijn privé-herinneringen.

Dit verleent de roman een mate van objectiviteit die hij niet had kunnen bereiken als hij het onderwerp heropvoeding uitsluitend vanuit zijn eigen ervaring had benaderd, en maakt het mogelijk de heropvoeding vanuit een algemener perspectief weer te geven. Door fictie als vehikel te gebruiken, geeft Sijie een stem aan alle slachtoffers van heropvoeding, terwijl hij tegelijkertijd alle kracht en waarachtigheid van zijn eigen verhaal behoudt. Dat wil echter niet zeggen dat hij van het verhaal een tragedie maakt: integendeel, de humor, scherpzinnigheid en speelsheid die het regime de slachtoffers van de heropvoeding probeerde af te nemen, schijnen op elke bladzijde door en blijken de kwaliteiten te zijn die hen in staat stelden hun status te overwinnen en zich te verzetten tegen de autoriteiten die hen probeerden te onderdrukken. Kiezen voor fictie is dus kiezen voor verzet.

Deze roman kan definitief persoonlijke literatuur worden genoemd, wat een relatief recent begrip is, maar een begrip dat deze roman perfect lijkt te beschrijven, aangezien het "[verwijst] naar elke vorm die "verhalen over het zelf" kunnen aannemen, zowel praktisch, […] retrospectief, […] bewust van hun context, […] fictief [of] privé […] die […] de ervaringen of overpeinzingen weergeven van een individu dat zowel de auteur als de hoofdpersoon van het verhaal is" (Cantin en Aron, 2002: 435-436). Evenzo kan de tekst worden ingedeeld in het subgenre van de autobiografische fictie vanwege de manier waarop hij "de grenzen tussen geschiedenis en fictie" opheft (*ibid.*).

FICTIE DIE DE WERKELIJKHEID AANVULT

Sijie's vaardige verweving van autobiografie en fictie geeft zijn roman daarom een zekere specificiteit, die zich op drie manieren manifesteert:

- Ten eerste in zijn **universaliteit**. Door een fictief verslag te schrijven is Sijie niet langer beperkt tot het schrijven vanuit het starre, gedeeltelijke gezichtspunt van een bepaald individu (namelijk hijzelf), maar is hij vrij om vanuit een breder perspectief te schrijven en een breder overzicht te geven van de heropvoedingservaring. Zijn weergave van het heropvoedingsproces en van de kenmerken van het regime is niet toegespitst op een bepaald element, maar krijgt vorm door kleine accenten in de reis van de personages en in de kleine details van het dagelijks leven. Zo komt de lezer geleidelijk te weten hoe Luo's ouders werden vernederd, hoe vuil de huizen in het dorp zijn, de moeilijke, gevaarlijke werkomstandigheden (de te vervoeren zakken;

de mijn), de manier waarop westerse boeken werden verboden, het touwtrekken achter de schermen (het werk van Vieroog), enz.

- Ten tweede valt de roman op door zijn **neutrale, feitelijke** toon. De toon van de verteller is opvallend **nuchter**, en contrasteert met de tragische toon die in veel directe autobiografieën te vinden is. Dit, evenals de schijnbare passiviteit van de personages wanneer ze geconfronteerd worden met hun lot, waarin ze zich lijken te berusten, kan verrassend lijken. Deze elementen speelden echter een sleutelrol in de manier waarop de roman werd ontvangen:

  - **Ze maken het objectiever en laten de lezer vrij in zijn interpretatie**. Door zich te beperken tot het beschrijven van de feiten, maakt de verteller zijn verslag neutraal en objectief, waardoor de lezer vrij is om zijn eigen mening te vormen op basis van het bewijsmateriaal dat voor hem ligt.

  - **Ze weerspiegelen de effecten van het regime**. Hoewel de verteller een zekere afstand tot het regime bewaart, kan het gebrek aan strenge of verontwaardigde oordelen in zijn verslag van zijn ervaringen worden gezien als een effect van de dictatuur. Hij beschouwt wat hij meemaakt als normaal en onvermijdelijk omdat hij in dat regime is geboren en dus nooit een andere manier van leven heeft gekend ("We waren niet de eerste proefkonijnen die werden gebruikt in dit grote menselijke experiment, noch zouden we de laatste zijn. […] Vergeleken met anderen waren we niet al te slecht af. Miljoenen jongeren gingen ons voor. Miljoenen jongeren gingen ons voor en miljoenen zouden volgen", blz. 7).

○ De toon, bepaald door een soort fatalistisch realisme, weet paradoxaal genoeg **de verontwaardiging van de lezer te versterken,** aangezien de gevolgen van het dictatoriale Chinese regime niet alleen zichtbaar zijn in de feiten die in de roman worden beschreven, maar ook in de toon van de verteller. De dictatuur beheerst het leven van haar burgers zodanig dat rebellie en verontwaardiging geen natuurlijke reflexen meer zijn, niet alleen omdat ze voortdurend worden onderdrukt, maar ook omdat ze gevaarlijk kunnen zijn, zoals de verteller zelf zegt na het uiten van zijn haat (die hij alleen laat blijken als hij alleen is met Luo): "Mezelf deze laatste zin horen uitspreken beangstigde me, alsof er misschien ergens in de kamer een afluisteraar verborgen zat. Zo'n terloopse opmerking zou me enkele jaren gevangenisstraf kunnen kosten" (p. 93).

• Ten slotte wordt deze getuigenis gekenmerkt door een zekere mate van **humor**, die onthult:

○ **Duidelijkheid over de situatie**. Aan het begin van de roman merkt de verteller op dat "Luo en ik geen hoop hadden. We hadden het sombere vooruitzicht oud en kaal te worden in het huis op palen, en daar ook te sterven, waarna onze lichamen zouden worden gewikkeld in de witte lijkwaden die typisch zijn voor de streek" (p. 17). Dit is echter noch een eenvoudige klaagzang, noch een eerlijke berusting. Zo geformuleerd lijkt het te impliceren dat hij en Luo nog steeds in staat zijn tot rebellie.

○ **Helderziendheid over zichzelf**. De verteller aarzelt ook niet de spot met zichzelf te drijven, met name wanneer hij terugdenkt aan de ondeugende truc die ze bij hun aankomst in het dorp met de hoofdman hebben uitgehaald (ter herinnering: Luo en de verteller deden alsof ze een sonate hadden gecomponeerd ter ere van de communistische leider). Evenzo legt hij, voordat hij *Jean-Christophe* van Romain Rolland gaat lezen, als volgt uit waarom hij zich in het bijzonder tot deze roman aangetrokken voelt: "Aangezien het verhaal over een musicus ging en ik zelf stukken op de viool speelde zoals *Mozart denkt aan voorzitter Mao*, voelde ik me als vanzelf tot het boek aangetrokken" (p. 102).

○ **Ondeugendheid**. In feite wordt de lezer zich al snel bewust van zowel Luo's ondeugende kant, waarmee hij de hoofdman en de molenaar met gemak te slim af is, als de ondeugende kant van de verteller, die de lezer medeplichtig maakt aan hun situatie. Een van hun dagelijkse taken is bijvoorbeeld het vervoeren van houten emmers gevuld met "allerlei afval, zowel van mensen als van dieren" (p. 14). De verteller beschrijft hoe gevaarlijk deze routine is voordat hij zich rechtstreeks tot de lezer richt: "Beste lezer, ik zal u de details van elke wankele stap besparen; het volstaat te zeggen dat de geringste verkeerde beweging potentieel fataal was" (*ibid.*).

Universaliteit, soberheid en humor lijken tegenstrijdige kwaliteiten, maar dat zijn ze niet. In feite laat de verteller het aan de lezer over om zijn eigen idee te vormen van hoe het maoïstische regime was, zonder er zijn eigen mening over te geven (nuchterheid). Hij geeft slechts een op feiten gebaseerd verslag van een mogelijke ervaring van heropvoeding (universaliteit): een overweldigend moeilijke situatie, die de twee vrienden desondanks niet vermorzelt, omdat ze zich niet in zelfmedelijden over hun lot wentelen, maar de autoriteiten weten te trotseren (humor, ondeugendheid).

DE PARADOXEN VAN HEROPVOEDING

Hoewel de roman zich afspeelt tegen de achtergrond van de heropvoeding die gepaard ging met de Culturele Revolutie, worden niet één maar meerdere (her)opvoedingen beschreven:

- De twee hoofdpersonen worden naar de bergen gestuurd om door de arme dorpelingen die daar wonen te worden heropgevoed omdat ze als intellectuelen worden beschouwd. Dit initiatief lijkt geen noemenswaardig effect op hen te hebben: hoewel ze het dagelijkse leven van de boeren delen, blijft hun ideologie hen vreemd. Bovendien krijgen ze door hun verblijf in de bergen voor het eerst toegang tot westerse boeken, terwijl ze op school alleen communistische schoolboeken of Mao's *Rode Boekje konden* lezen. Deze westerse verhalen geven hen hun ware opvoeding door hen kennis te laten maken met "het mysterie van de buitenwereld, met name de wereld van vrouwen, liefde en seks" (p. 101). Als zodanig is dit niet alleen een culturele opvoeding, maar ook een emotionele opvoeding, die wordt belichaamd door de romance tussen Luo en de kleine naaister. Paradoxaal genoeg heeft het sturen van de twee jonge mannen voor heropvoeding precies het tegenovergestelde effect van wat de bedoeling was: ze ontdekken de westerse cultuur en de burgerlijke waarden, zoals gesymboliseerd door de romans van Balzac.

- De kleine naaister wordt ook opgevoed door het lezen van Balzac, wat Luo tevreden stelt, die haar niet beschaafd genoeg vond voor hem. Nadat hij het effect had opgemerkt dat het voorlezen van passages uit *Vader Goriot* op het jonge meisje had ("Deze man Balzac is een tovenaar [...] hij raakte het hoofd van dit bergmeisje aan met een onzichtbare vinger, en ze werd getransformeerd, meegesleept in een droom", p. 58), besloot hij dat het lezen van Balzac haar "verfijnder, beschaafder" zou maken (p. 57). Op deze manier maakt Luo van literatuur een instrument en gebruikt het om de kleine naaister te indoctrineren, of op zijn minst op te voeden. Hij ziet dit ook als een manier om haar "waardig" te maken voor zijn liefde, maar zij overtreft zijn verwachtingen en geeft hem een koekje van eigen deeg, aangezien de manier waarop Balzacs helden hun eigen leven in handen nemen haar helpt haar eigen waarde te realiseren. Net als Rastignac besluit de kleine naaister het nest te verlaten en een onafhankelijke vrouw te worden, vrij van de beperkingen die mannen haar proberen op te leggen.

HET BELANG VAN CULTUUR

Verbod

Cultuur is vanaf de eerste bladzijden een centraal thema in de roman. De lezer begrijpt al snel dat de autoriteiten muziek en literatuur willen verbieden, omdat deze door de Chinese Communistische Partij en haar leider, Mao Zedong, als gevaarlijk worden beschouwd.

- **Muziek**. De twee hoofdpersonen worden geconfronteerd met het viscerale wantrouwen van het dorpshoofd tegenover een voorwerp dat hij niet herkent, namelijk de viool van de verteller. Zijn argwaan is bijna lachwekkend en stelt hen in staat een effectieve truc met hem uit te halen: hoewel "alle muziek van Mozart of van welke andere westerse componist dan ook al jaren geleden verboden is" (p. 5), stelt Luo voor dat de verteller een van Mozarts sonates voor het dorp speelt, en beweert ironisch genoeg dat het getiteld is *Mozart denkt aan voorzitter Mao*. Deze list is een groot succes, waardoor Luo en zijn vriend de viool mogen houden en bespelen.

- **Literatuur**. Onder Mao's regime werden boeken uiterst zeldzaam en streng gecontroleerd door de autoriteiten: alleen communistische schoolboeken, Mao's *Kleine Rode Boekje* en de geschriften van zijn aanhangers waren toegestaan. Dit is omdat literatuur de geest van de lezer kan verruimen en hem tot zelf nadenken kan aanzetten, wat indruist tegen de doelstellingen van propaganda en de visie van de Chinese regering, die haar burgers een sterk klassenbewustzijn en haat tegen vermeende vijanden wil bijbrengen. Als gevolg daarvan was de verteller "verbaasd een boek op een tafel te zien liggen, aangezien de bergbewoners meestal analfabeet waren; het was een eeuwigheid geleden dat [hij] de bladzijden van een boek had aangeraakt" (p. 24). Dit maakt duidelijk dat het bezit van boeken zeer gevaarlijk is in deze beperkte wereld. De verteller legt uit dat iedereen die boeken bezit er talloze voorzorgsmaatregelen mee neemt, en beschrijft hoe de koffer van Vieroog "op drie plaatsen met sloten was vastgezet" (p. 44). Wanneer de twee vrienden over de inhoud ervan beginnen te praten, verschijnt er "een flikkering van paniek in de ogen van onze kortzichtige vriend" (p. 45).

Westerse literatuur

In deze sombere sfeer krijgt de literatuur, en met name de westerse, een zeer specifieke betekenis.

De twee hoofdpersonen zijn gefascineerd en aangetrokken door de geheimen die in verboden boeken verborgen zouden kunnen liggen. Hun gedachten gaan aanvankelijk uit naar Chinese klassiekers waarvan "de titels over [hun] lippen stroomden, de mysterieuze en exotische namen die onbekende werelden opriepen" (p. 46). Het idee van de westerse literatuur bevalt de twee jongemannen, die al lang gefrustreerd zijn door het feit dat "de afdelingen 'westerse literatuur' van de boekhandels jarenlang gewijd waren aan de complete werken van de Albanese communistische leider Enver Hoxha [1908-1985]" (p. 47).

De twee vrienden zijn enthousiast over het idee een van deze kostbare werken in handen te krijgen, omdat ze genoeg hebben van het "revolutionaire gebazel over patriottisme, communisme, ideologie en propaganda" (p. 53) en hopen op iets beters. Hun onlesbare dorst naar westerse literatuur drijft hen ertoe ongekende risico's te nemen, met name door de kostbare koffer van Vieroog te stelen en door Balzac-romans in hun emmers te vervoeren.

Via de westerse literatuur ontdekken de twee jonge mannen "ontwakend verlangen, passie, impulsieve actie, liefde" (*ibid*.) en ook "het mysterie van de buitenwereld, vooral de wereld van vrouwen, liefde en seks" (p. 101). Ze worden ondergedompeld in werelden die voorheen onvoorstelbaar leken, maar die hun poorten lijken te openen om hen te verwelkomen.

De verteller wordt ook "ridderlijker" zodra hij in contact komt met de westerse literatuur, en maakt de literatuur zelfs een onderdeel van zijn dagelijks leven door sommige situaties die hij meemaakt te vergelijken met literaire teksten. Hij maakt bijvoorbeeld de volgende opmerking over de gevaarlijke positie waarin de kleine naaister zich bevindt als ze zwanger wordt:

> *"Er was geen denkbare plaats waar een Romeo en zijn zwangere Julia aan de lange arm van de wet konden ontsnappen, noch waar zij het leven van Robinson Crusoe konden leiden in gezelschap van een geheim agent die Man Vrijdag werd." (p. 149)*

De obsessie van de verteller voor deze nieuwe cultuur stelt hem in staat deze verhalen te verweven met episodes uit zijn leven.

Westerse literatuur biedt Luo en de verteller ook een manier om de ontberingen van de heropvoeding te boven te komen (naast hun vriendschap). Het verruimt ook hun geest door hen culturele en levenslessen te leren.

China's autoritaire regime ziet cultuur als gevaarlijk omdat het individuen ertoe aanzet een vrije wil en kritisch denkvermogen te ontwikkelen. Vrijheid van creatie belemmert ook de verspreiding van beperkende denklijnen die individualiteit verpletteren voor "het grotere goed".

China en zijn censuurbeleid tonen nog steeds enige terughoudendheid ten aanzien van bepaalde westerse werken. Zo werd *Balzac en de kleine Chinese naaister* bij de eerste publicatie door de Chinese autoriteiten verboden, deels vanwege de manier waarop de westerse literatuur wordt voorgesteld, deels vanwege de manier waarop boeren worden voorgesteld als fysiek en intellectueel achtergebleven, deels vanwege de compromisloze weergave van het geweld van het heropvoedingsproces en vooral vanwege de sleutelrol die de westerse literatuur in het verhaal speelt. Sijie heeft zich bij verschillende gelegenheden over dit onderwerp uitgesproken en gezegd dat hij gefrustreerd was door het ontbreken van een Chinese vertaling van de roman, terwijl hij ook toegaf dat het misschien te vroeg was om deze periode van de geschiedenis opnieuw te behandelen.

Hoe dan ook, pas drie jaar na de oorspronkelijke publicatie van de roman, waarin hij ontegenzeggelijk internationale bijval kreeg, werd hij eindelijk in het Chinees vertaald – hoewel hij daarbij enkele wijzigingen onderging, namelijk het feit dat de Chinese versie van de roman een aantal toegevoegde verwijzingen naar belangrijke werken uit de Chinese literatuur bevat, alsmede aantekeningen van de vertaler waarin voorbehoud wordt gemaakt bij de genoemde westerse werken.

VERDERE REFLECTIE

ENKELE VRAGEN OM OVER NA TE DENKEN....

- Op welke historische gebeurtenissen is de roman gebaseerd? Kent u andere werken die zich afspelen in een omgeving die gebaseerd is op historische feiten, maar die niet noodzakelijkerwijs als historische roman kunnen worden aangemerkt?

- Wie is volgens jou de hoofdpersoon van deze roman, de verteller of Luo? Motiveer je antwoord.

- Hoe zou u de vriendschap tussen Luo en de verteller beschrijven? Is het vergelijkbaar met de vriendschap tussen hen en Vieroog? Leg je antwoord uit.

- Kan dit werk beschouwd worden als een autobiografie? Leg je antwoord uit.

- Waarom gebruikt de auteur volgens u een neutrale, objectieve toon? Welk effect heeft dit op de lezer?

- Veel soorten heropvoeding komen voor in de roman. Welke zijn dat? Hoe zijn ze paradoxaal?

- Balzac staat centraal in deze roman. Verklaar het belang van deze figuur.

- Wat is de boodschap van deze roman over lezen?

- De auteur koos ervoor om in de koffer die door de twee hoofdpersonen werd gestolen specifieke boeken op te nemen, namelijk romans van Franse auteurs als Hugo, Stendhal, Dumas, Flaubert en Romain Rolland. Bieden deze boeken een ander of aanvullend perspectief op wat de personages meemaken?

- Wat betekent volgens u de laatste zin van de roman? De kleine naaister zegt dat "ze één ding van Balzac had geleerd, namelijk dat de schoonheid van een vrouw een onbetaalbare schat is" (p. 172); welke weg wil ze volgens u voor zichzelf kiezen?

VERDER LEZEN

REFERENTIE-UITGAVE

Sijie, D. (2002) *Balzac en de kleine Chinese naaister*. Londen: Vintage Books.

REFERENTIESTUDIES

Cantin, A. en Aron, P. (2002) Personnelle (littérature). *Le Dictionnaire du Littéraire*. Parijs: PUF. pp. 435-436.

Mourre, M. (2001) *Le Petit Mourre. Dictionnaire de l'histoire*. Parijs: Larousse-HER.

AANPASSINGEN

Balzac en de kleine Chinese naaister. (2002) [Film]. Dai Sijie. Dir. China/Frankrijk: Empire.

*We horen graag van jou! Laat
een reactie achter op jouw online bibliotheek
en deel je favoriete boeken op social media!*

Waarom kiezen voor Must Read?

Kom alles te weten over een boek
met onze beknopte en diepgaande
samenvattingen en analyses!

Ontdek het beste uit de literatuur
in een compleet nieuw licht!

De uitgever garandeert de betrouwbaarheid van de gepubliceerde informatie, die echter niet onder zijn verantwoordelijkheid valt.

www.50minutes.com

Master ISBN: 9782808687560
Papier ISBN: 9782808698962
Wettelijk depot: D/2023/12603/1176

Omslag: © Primento

Digitaal ontwerp: Primento, de digitale partner van uitgevers.